RECVEIL DES

MASQVARADES ET

IEV DE PRIX A LA
courſe du Sarazin,

FAITS CE KARESME-
PRENANT, EN LA PRESENCE
de ſa Majeſté, à Paris,

A PARIS,
Chez GVILLAVME MARETTE, ruë
ſainct Iean de Beauuais,
Auec permiſsion.

M. D. C. VII.

AV LECTEVR,

MY LECTEVR, en ce petit recueil de Mas-
quarades & ieu de prix à la course du Sarazin, ie ne t'amuseray point sur la diuersité
des h... aderie, & la toile d'or
& d'argent sont assez prodigalement employez. Ie ne
te represe iceray point aussi la viue clarté d'vn nom-
bre infini de flambeaux, qui soruent ordinairement
de lustre aux Balets, & d'esblouissement aux yeux des
Assemblees. Mais il me suffit de mo irer la generosi-
té de l'esprit des Princes & Seigneurs de ceste Cour,
aussi propres & desireux de resiouir, par galantes in-
uentions, la graue & puissante Majesté du Roy, en la
tranquilité de la paix, comme ils estoient ardens &
prompts à lui rendre vne valeureuse obeissance durant la guerre. Tout ce que tu verras ci apres d'escrit
par forme de discours, pense que ie l'ai mis le plus
simplement qui m'a esté possible : mesme ques'il y a
quelque nonchalance aux vers ou en la prose des
Cartels, cela doit estre sauorablement excusé : d'autant que la pluspart de ceux qui s'en sont meslez, les
ont faits comme à l'improuiste. Neantmoins,
ie te prie de receuoir le tout de pareille affection que ie te
le presente.
A Dieu.

A ij

En ce que i'ay mis en lumiere
Vous m'auès fourny de matiere
Seigneurs & Prince glorieux
Pardonnez la faute premiere
Vn autre-fois ie feray mieux.

MASQVARADE,

I.

LA masquarade des Eschecs fut la premiere de celles qui m'ont semblé dignes d'estre r'apportées, tãt pour l'inuention que parce qu'elle fut faite en deux iours, & parfaitement bien representées.

L'ordre estoit tel, que deux hommes, masquez, estendoient vn grand eschiquier de toile sur la place, dont les quarrez ou casez estoient blancs & rouges enuiron d'vn pied & demi en grandeur.

Aprés cela les violons, commençoient à sonner : Et deux habillez à l'Espagnole, auec chacun vne longue baguette à la main, entroient, dançant vn balet d'vne mesure graue : Et se plaçoient chacun sur vne escabelle dés deux costez de la Sale, vis à vis l'vn de l'autre. Dés qu'ils estoient assis, sur vn autre air de balet entroient les huict pions incarnats, c'estoient petis enfans qui dançoient fort ioliment, & qui firent entr'eux vn balet de plusieurs & differentes figures : Et à la derniere chacun se troutia de rang sur sa case. Les autres huict pions blancs eurent aussi leur balet particulier, bien differét en airs, pas, & figures puis se rendirent en leur place, droit à droit dés autres. Les quatre Rocs firent leur entree, Et apres plusieurs figures se placerent derriere les pions, chacun en sa case. Pareillément, les Cheualiers dancerent leur entree, & se rangerent en leurs places. Aussi les Fols, armez de marottes & boucliers en la main, auec certaine forme de combats & differentes figures, se trouuoiét à leur case. Les autres quatre pieces, Rois & Reines, firent aussi leur balet : Et chacun de

fon cofté fe rangea à fon quaué, les rouges auec les
rouges, & les blancs auec les blancs. Apres que tou
tes les pieces furent ainfi rangees de quatre à quatre
au fon de leurs differens balets, les deux Efpagnols
monterent chacun fur fon efcabelle: lors commença
le grand balet, à l'air duquel toutes les pieces de part
& d'autre dançoient, comme s'ils euffent ioüé : & iuftement à la cadance les deux Efpagnols les frap-
poient, fuiuant l'ordre qu'il faloit, pour les faire def-
marer : et chacun en fa defmarche d'efchec fe trou-
uoit en prife, & fe chaffoient hors de l'efchequier
l'vn l'autre, iufqu'à ce que les quatre pieces princi-
pales demeuroient feules, & la part... but à but. Les
Efpagnols defcendoient, & chacun à la tefte de fes
pieces faifoit vn tour par la Sale, & paffans tous par
deuant la compagnie, finiffoient.

MASQVARADE

II.

QVelques iours apres, huict fe rencontrerent (fur
le foir) à la foire S. Germain: & fçachans qu'il y
auoit vne trefbelle affemblee chez monf. de Vitri, de-
firans la gratifier de quelque gentileffe, ils refolurent
de fe masquer: de ce pas Monfeig. de Nembure les met-
na chez luy, & fur l'heure inuenterent vn maiftre de
l'Academie d'Hyrlande, lequel recitoit (fans chan-
ter) ces vers Hyrlandois-François, ou eft contenu le
fubiet de la masquarade:

Moi Ie vous amenend Irlandé
A. Cet huit naueaux dedans vn bande,
Par tout à vous paffa-temps,
Se d'vn, les Dam' eft defi elufe,
Qu'el fait fingd œillad amoureufe,
Il rendra lui for ben contens.

L'vn sont gentil ioueur d'escrime,
L'autre est luiteur d'vn grand estime,
Et cela fut bon baladins.
Les dernier voltige en puissance,
Et d'vn acord en la cadance
Tous monstrer valant Palatins.

I a grand Cour France bon Dame
Nous portons nostre Academie
Pour faire à vous comparaison.
S'el est quelqu'vns brigand corage
Qui veut sur nous voir l'auantage,
Li Roy iuger s'il est raison.

Damoisels tout plein de bon grace
Perint vaille-nous la place,
De son peine il ne veut point rien:
Et quand vous verst leur gentillesse,
Son face & nature l'addresse
I oles, tendres pour ian de bien.

Comme ce Maistre auoit fa t son recit, les violo s
sonnoient leur balet, & deux entrerent d'nçrits
parfaitement bien, à contre-temps toutes sortes de
dances, & de chacune vn peu, l'vn apres l'autre.
Quand ceux-là s'estoient retirez, deux luiteurs en-
troie t auec mille extraurg ins efforts de luitte, pri-
ses & reprises de tous costez Apres, deux escrimeurs,
qui firent aussi les plus estranges assauts, coups, & po
stures qu'il estoit possible. Là dessus ce Maistre de
l'Academie amenoit vn cheual dans la Sale, & les
deux de niers voltigeoient miraculeusement & dis-
posteme t bien mus, tout à contre tems & cont e
mesure, neantmois au son du balet que les violo s

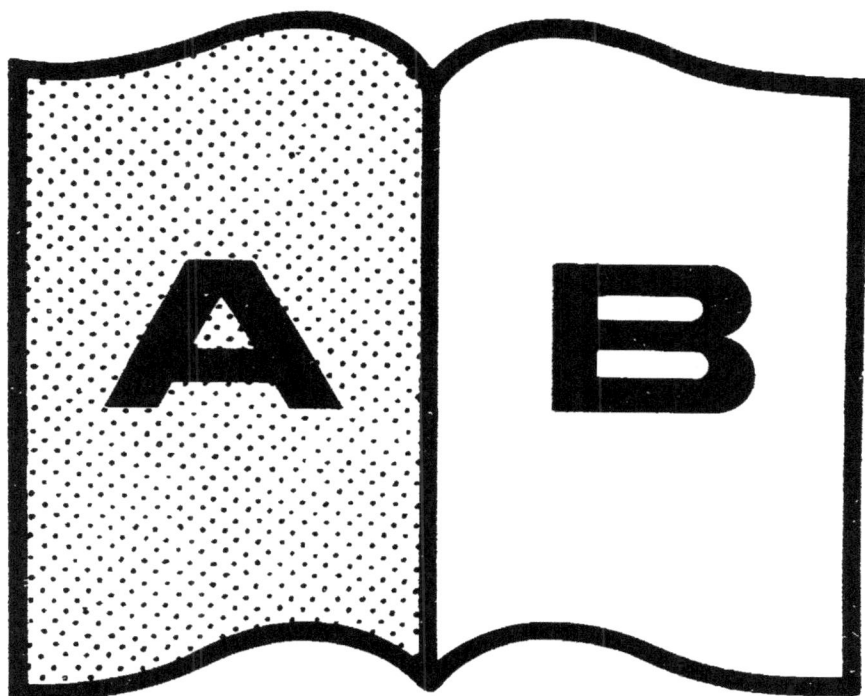

Contraste insuffisant

NF Z 43-120-14

sonnoient & suiuant la cadance. Ainsi, l'vn apres l'autre leurs exercices paracheuez, ils se remirent tous
ensemble, & sur vn autre air dancerent vn fort beau
balet auec plusieurs differentes figures, si bien que
toute l'assemblee iugea ceste masquarade estre aussi
parfaite, que si on eust demeuré long temps à y penser & à l'apprendre.

La derniere masquarade des Princes & Seigneurs
de la Cour a esté celle qui representoit la roire sainct
Germain, où pour le suiet de l'entree vn petit garçon
recita les vers suiuans:

> Ie suis l'oracle
>> Du miracle
>> De la roire sainct Germain:
>> C'est vne bomasse
>> Qui sur passe
>> Les effects du genre humain:
> Plus admirable
>> Que la fable
>> Du puissant Cheual de bois:
>> Car, differente,
>> Elle enfante
>> Mille plaisirs à la fois.
> Couppeurs de bourse
>> Sans ressource,
>> Peintres, & mestiers diuers,
>> Vendeurs de drogues,
>> Astrologues
>> De ce Monstre sont couuerts.
> A la cadance
>> De la dance

Sans

Sans peine elle enfantera
De sa crotesque
Tout le monde se rira,

Apres ce recit entroit vn habillé en sage-femme, qui
sur vn air de balet assez propre faisoit vn tour par la
Sale. Incontinent paroissoit vne grande & grosse
femme, richement habillee, farcie de toutes sortes de
babioles : comme, mirouis, pignes, tabourins, moulinets, & autres choses semblables. De ce Colosse la sage-femme tiroit quatre Astrologues auec des spheres & compas à la main qui danceoient Entr'eux vn
balet, & donnoient aux Dames vn Almanach, qui
predit tout, & d'auantage, puis se retiroient. Et d'elle
sortoient encor quatre peintres, qui dançoient vn
autre balet, & chacun en cadance faisoit semblant
de peindre, ayant en la main baguette, palette, & pinceaux. Et comme ils se retiroient, sortoient de ceste
grande femme quatre operateurs ayans vne petite
bale au col, comme celle que portent ordinairement
les petis merciers , au milieu de laquelle y auoit vne
cassolette, & le reste garni de petites phioles pleines
d'eau de senteur, qu'en dançant ils donnoient aux Dames , auec quelques certaines receptes , imprimées,
pour toutes sortes de maladies. Sur la fin de leur balet
sortoit d'auantage de ce monstre quatre couppeurs de
bourses, qui se faisoient arracher les dents, & au mesme instant leur couppoient la bourse. Comme ils
auoient dancé quelque peu ensemble, les operateurs
se retiroient, & les couppeurs de bourses continuoient à dancer fort dispostement vn balet, qui finissoit
à gourmades. Apres qu'ils estoient sortis de la compagnie, & que chacun eut donné ces vers qui seront
escrits sur la fin, entroit vn Mercure richement habillé, auec vn Lut à la main , qui recitoit le suiet de la
grande Mascarade en ces vers.

RECIT,

L'Amour volage, plein de gloire,
   Pour suiuant l'Amour arresté,
7 Luy debat des cœurs la victoire,
   Et les feux & les traits que donne la beauté.
Il dit qu'il trouue bien estrange
   D'estre constant dessous les cieux:
   Qu'il faut changer, puis que tout change:
   Ou bien c'est aux mortels vouloir faire les Dieux.
L'Amour arresté se despite,
   Et des cœurs se nommant le Roy,
   Dit qu'vn obiect plein de merite
   Doit rendre pour iamais vn Am plein de foy.
Tous deux ont les courages braues,
   A coups de traits ils le font voir:
   Et chacun arme ses esclaues,
   A qui, pour toute paye, il donne de l'espoir.
Le Ciel touché de leurs querelles,
   Veut qu'ils vous soyent representez:
   Et les Dieux vous faisans si belles,
   De vostre iugement ont fait leurs volontez.
Monstrez duquel vous faites conte
   De ces deux, du monde vainqueurs:
   Afin qu'au vaincu soit la honte,
   Et qu'au victorieux soit l'empire des cœurs.

Apres, entra l'Amour volage, accompagné de huict
cheualiers, armez d'arcs & fleches, qui firent vn Balet
par haut, auec force disposition. Là dessus les violons
changerent d'air: & l'Amour constant ou arresté paruit
à la teste de huict autres cheualiers, auec des petits
iauelots à la main, & plus grauement que les pre-
miers, mais, auec beaucoup de grace & d'agilité ils firent vne fort belle entree. Comme les deux trouppes
furent vis à vis l'vne de l'autre, des deux costez de la

Sale on commença à sonner l'air du grand balet, & à
la cadance ils firent cent differentes figures les vns
contre les autres, auec autant de sortes de combats si
bien qu'à la fin l'Amour constant triompha de l'A-
mour volage : & ces cheualiers emmencrent liez les
inconstans, & paracheuerent leur Masquarade, dont
ie laisserai l'estime, le prix, & la gloire a dire à ceux
qui en peuuent iuger au vray & sans passion.

Voicy les vers qni furent donés a lantrée par ceux
de la susdite Mascarade.

L'ALMANAC DES ASTROLOGVES.

Almanach, Almanach nouueau,
Plein de veritable presage,
Disant le beau temps & l eau:
Il predit tout,& d auantage.

Predictions generales.

Le deux fois Roy cest an pourra contraindre
Dessous ses loix ce que la mer estraint:
Du monde alors il ne sera plus craine:
On ne sçauroit & l aimer & le craindre.

Du ieune Lys vn Ange a pris la garde,
I a terre l aime,& le ciel lui souffrit:
D vn bon aspect vn Astre le regarde,
Espoir le sert,& honneur le nourrit.

La belle Fleur que le Ciel fit paroistre
Pour contenter vn Guerrier indompté,
Ne verra point accroistre sa beauté:
Car l Infini ne sçauroit plus accroistre.

Des iours heureux.

Ne cerchez point la cognoissance
Des iours heureux ou malheureux.

B ij

Car vne nuict de iouïssance
Sera le iour des amoureux.

Du Prim-temps.

Les beaux iours & les amourettes
Estans au Prim-temps reuenu,
Sortiront de Mars les fleurettes
Auec les boutons de Venus,

Quelques vns de diuerse humeur
R'emplu d'vne soigneuse cure,
Se feront frotter de Mercure,
Ie n'enten pas du Parfumeur.

Au Prim-temps sont d'Amour les festes,
Les champs de couleurs diaprez
Autant de cornes sur les testes
Comme de fleurs parmi les prez.

De l'Esté.

Le laboureur, durant l'Esté
De sa peine aura recompence:
Mais souuent l'Amant mal traitté
Perdra sa peine & sa semence.

Durant l'Esté, fort peu de glace:
Gardez-vous, Amans inconstans:
Prenans par tout vos passe-temps,
Gardez-vous, Cancer vous menace.

Belles, dites la verité,
N'auoient-ils pas l'ame peu fine
Ceux qui nous ont dit qu'en Esté
Il faloit quitter l'Androgine?

De l'Automne.

Si l'Automne vous ennuye,
Prenez vn double chappeau.

Ou bien, de peur de la pluye,
Cachez-vous au fonds de l'eau.

   Qui verra sa femme couchee
Entre les bras de son amant;
S il croid qu il ne l'ait point touchee,
Ce sera fait deuotement.

   Que durant ces longues sonces
On fera des maris cocus !
Que l'on aimera les purées,
D autre chose que de Bacchus !

De l'Hyuer.

   L'Hyuer rendra la terre noire:
Mais, pres de la fin de son cours
Sera de sainct Germain la foire,
Et celle d'Amour tous les iours.

   Il ne se faudra contrefaire
Pour en hyuer faire le froid:
Mais, tel sera (tout au contraire)
Plus chaudement qu'il ne voudroit.

   Les Limas, en hyuer reclus,
Recelent leurs cornes nouuelles,
Pour les monstrer aux Arondelles;
Ainsi feront tous les cocus.

Des Comettes de ceste annee.

   En cest an la grande Comette
Predit que les ombres des morts
(Triboulet, Sibilot, Caillette)
Doiuent rentrer en noueaux corps.

   Les Dames, en quelque saison
Rendront la nature cognue
De la Comette cheuelue
Qui couche sous leur Horison.

De lE'clipse du Soleil.

Au cours de cest an nompareil
Les amans au ont des tristesses
N'ayans eclipse de Soleil
Qu'en l'absence de leurs maistresses.

De la Lune.

Si d'ombres la Lune blesmie
Eclipse en ce temps diuers nous,
Elle sera plus que demie
Dedans la teste des ialoux.

Predictions des douze mois.

IANVIER.

Qui voudroit vn procez mouldre
Contre vne Dame, à porte-clause,
Quelque bon droict qu'il peust auoir,
En Ianuier il perdra sa cause.

FEVRIER.

Au mois ensuiuant, sur la terre
L'hyuer sera fort auancé,
Et l'amour, pour faire la guerre,
S'armera d'vn panier percé.

MARS,

Quand le Coq chantera la game,
Guerre entre les chats & les rats,
C'est en Mars qu'vn saumon reclame
La Roupille de reloux ras.

AVRIL

En Auril, que le iour demeure
Sur nous plus long temps que la nuict,
Si la mer peut bouillir vne heure
Quelque grand poisson sera cuit.

MAY.

Quand le Geai, d'vne voix hardie,
En May dira le temps qui court;
Autant de vins en Normandie
Comme de franchise à la Cour.

IVIN.

En Iuin la cloche & l'audience,
Cartes & dez, trompes & chiens:
Aux goutteux peu de patience,
Aux ioueurs aussi peu de biens.

IVILLET.

Vn Singe sera à la moue
En Iuillet, & Cupidon:
Mais il aura sur la rouë
S'il veut croquer le lardon.

AOVST.

Sous le signe de la Vierge,
Indulgence aux bons maris,
On fera brusler vn cierge,
Gardez les chauue-souris.

SEPTEMBRE.

Durant le mois de Septembre
Vn baran sera boitel,
Et ceux qui plaindront vn membre
N'auront pas toufiours sauté.

OCTOBRE.

En Octobre, l'eau de roses,
Vne epee, vn chapperon,
Ce seront diuerses choses,
Comme apprend Cice on

NOVEMBRE.

Durant le mois de Nouembre
Des pluyes en diuers lieux:
Le musc, la ciuette, & l'ambre,
Lunettes aux hommes vieux.

DECEMBRE.

Si l'enfileur de pate-nostre
N'est pas sage, il n'est gueres fin:
Le bout de l'an est à la fin
Et le commencement d'vn autre.

Predictions tirees du lapin de Leouicius, qui n'en parle point.

Peuple, malheur sur vous, quand le fanfant Gerfaut
Et le bleu Limaçon, mari de la Limote,
Vers le Pole Antartiq iront droit comme il faut
Luire comme vn bonnet fait à la maßelote.

Ce malheur aduiendra quand le ieune guerrier
Vaillant & genereux ainsi qu'vn pot de chambre,
Voudra sans dire mot, en sursaut s'escrier,
Belle, ie suis de paille, & vous estes mon ambre.

Alors mille fourmis sous mes pieds abbatus
Rendront leur douce vie au destrin d'vne lame,
Pource qu'vn diamant n'aura plus de vertu
Sinon que d'accourcir le talon d'vne Dame.

Mortels, regardez bien le Soleil & ses raiz,
La quenouille d'vn lict, le pied d'vne marmite,
Et la lame fatale, au bout de beu vc fraiz,
Capable de percer la barbe d'vn Hermite:

Puis vous verrez l'abus qui vient de Sumatra,
Où l'on iuge ces vers estre vne prophetie,
Ils sont dans vn palais où encor nul n'entra,
Escrits en lettre d'or dessus vne vessie.

c'est

Cest Almanach qui predit les deſaſtres
Et le bon-heur aux mortels aueuglez,
N'eſt pas reiglé ſelon le cours des Aſtres,
Mais bien par luy les Aſtres ſont reiglez.

F I N.

Pour l'aſtrologue aux Dames.

Cest Aſtrologue volontaire,
Plein d'amoureuſes paſsions,
Cognoiſt bien les conionctions,
Et les ſçait encores mieux faire.

Ce Docteur marche pas à pas
Le baſton de Iacob il porte
Et d'eux Syberes de bonne ſorte,
Il a la reigle, & la compas.

L'Aſtrologue en riant du monde
Et des maux dont nous nous faſchons,
R'encontre vne foſſe profonde,
Et tombe dedans à taſtons.

Ce Docteur iamais ne repoſe,
C'eſt vn Philoſophe eſprouué,
Touſiours vers le ciel eſleué,
Des yeux ou de quelque autre choſe.

L'Aſtrologue aux Dames.

L'amour, qui mon repos moleſte,
M'ira-il ſans fin commandant?
Que ne ſuis-ie vn ſigne celeſte,
Afin d'eſtre voſtre aſcendant?

C

Si la chaleur & la lumiere
Sont les qualitez du Soleil,
C'est la puissance coustumiere
Que se trouue aux raiz de nostre œil.

Par dessus le rond de la Lune
I'ay veu tout ce qui luit sur nous,
Ces grans coups d'où vient la fortune,
Et n'ay rien veu si beau que vous.

Toute chose est terminee
Par la volonté des Cieux:
C'est aussi ma destinee
De mourir pour vos beaux yeux.

L'alchymiste aux Dames.

BEautez pour qui i'ay tant de braise
Que i'en souspire nuict & iour,
Ie vous demande vne fournaise,
Pour y fondre vn lingot d'amour.

Ie sçay par cœur vne recepte,
Que ie ne veux pas oublier,
Auec vne liqueur secrette,
Ie sçay fort bien multiplier.

La verité qui m'accompagne,
N'en a fait personne tromper,
Ie fay l'or des doublons d'Espagne,
Qu'on nomme la poudre à grimper.

L'amour n'euient pas de la bouche,
Ie m'en suis tousiours defié,
Il semble à l'or purifié,
L'espreuue s'en fait à la touche.

L'Alchymiste aux Dames.

Lors que le charbon se consomme,
Dedans mon fourneau presque esteint,
Aussi soudain ie le r'allume,
Au feu dont vous m'auez attaint.

Tousiours le soucy m'importune,
Apres l'or vainement courant,
Et d'une pareille infortune,
Ie me meurs en vous adorant.

Les vendeurs de Bouquets, aux Dames.

Receuez Beautez sans pareilles,
Ces fleurs de ce temps les merueilles,
Mais ie suis de regret attaint,
De les voir ternir, approchées,
De ces belles fleurs épanchées,
Sur le blanc de vostre beau teint.

Au pourpre de voz belles roses,
Comme au plus beau des belles choses,
Le credule espoir va mourir,
Et sur cet amas de fleurettes,
Les desirs volans comme auettes,
En font du miel pour se nourrir.

De vos yeux les flames si belles,
Feroient naistre des fleurs nouuelles,
Par leurs raiz le monde enflammans,
De leur sr ix la terre embrasée,
N'auroit besoin d'autre rosée,
Que des larmes de vos amans.

Qui vous aime il faut qu'il imite,
Mon respect à vostre merite,
Amour m'en donne le dessein,

Qui reduit à tel point ma vie,
Qu'à ce bouquet ie porte enuie,
Pour estre sur vostre beau sein.

Mais si par le cours des annees,
Vous rendez vos belles iournees,
Au temps des beautez le vainqueur,
Cueillez vostre fleur de bonne heure,
De peur qu'enfin elle ne meure,
Vous en restant l'espine au cœur.

L'arracheur de dents, aux Dames.

IE tire les dents de la bouche:
Mais c'est auec vn tel compas,
Qu'alors que ie n'y touche pas,
Vous ne diriez pas que i'y touche.

Ie sens mille feux ardents,
Que pour vous aimer i'endure,
Ma belle ie vous le iure,
En foy d'arracheur de dents.

Pour recompenser mon merite,
Arrachant les dents bien à point,
Permettez que ie vous visite,
Vostre bouche qui n'en a point.

Ie fais qu'vne dent on crache,
En sonnant d'vn flageolet,
Ou de cent pas ie l'arrache,
Auec vn arc à ialet.

On y viendroit comme à la feste,
I'en aurois bien plus d'escus,

Si ie tirois hors de la teste,
Les cornes de tous les cocus.

Les maux des dents sont des furus,
Dont ie sçay guarir promptement,
Plusieurs Dames en sont guaries,
Mesme en voyant mon instrument.

Le tireur de blanque aux Dames.

VEnez voir ma blanque nouuelle,
  Belles Dames ie vous attends,
Vous gaignerez vne Arondelle,
Qui reuiendra sur le Printemps.
  Fidelitez, discretions,
Parole qui sans cesse loue,
Respect, deuoirs & passions,
C'est ce qu'à ma blanque ie ioue.
  Belles de qui les ieux si doux,
Me rendent le visage blesse,
Ie veux bien iouer quant & vous,
Et me veux bien perdre moy-mesme.

Pour les coupe-bourses.

SI vos bourses estoient coupées,
  Belles qui pouuez tout sur nous,
De peur que vous soyez trompées,
Nous en auons d'autres pour vous

  Vou estes en nostre memoire,
Et chacun de nous a voulu.

Vous apporter pour vostre foüc,
Vne bourse de cuir velu.

Fascheux que le soupçon domme,
Comme mastins tousiours grondans,
Vous ialoux à la triste mine,
Gardez la bourse & les pendants.

Cocus, que la crainte maistresse,
Gardez la bourse & les pendans,
Les deux pieces qui sont dedans,
Aussi bien ne sont pas de mise.

Chacun de nous a prins la course,
Pour se trouuer à ce Balet:
Mais nous ne coupons point la bourse,
Quand nous y trouuons vn poulet.

Nous sçauons faire merueille,
De nostre petit cousteau,
Nous vous dirons à l'oreille,
Vn autre mestier plus beau.

Pour nous payer de nostre ouurage,
Nous n'attendons point à demain,
Car aussi tost, pour nostre vsage,
Nous auons la piece à la main.

Le Peintre.

IE sçay peindre l'eau de naf,
Et l'orme à la vigne ioint,
Vn Rat, vn Once, vne agraf,
De couleurs qu'on ne voit point

Ie sçay peindre vne grenouille,
Qui fait brusler vn buisson,
Vn Rat qui sa barbe mouille,
Et qui fauche du cresson.

Ie sçay peindre vn pucelage,
Vn soupir, vne clameur,
Ie sçay peindre dauantage,
Et le penser, & l'humeur.

Ie peins la ronce & l'ortie,
L'honneur du monde & le bruit,
Mais ie peins la sympathie,
Que l'on ne voit qu'à minuit.

Ie contrefais à merueille,
Vne grace, vne beauté,
L'œillet, la rose vermeille,
Et l'estuy d'humanité.

Ie peins l'ardoise & le charme,
Le songe & les visions:
Du sage Maistre Guillaume,
Ie peins les illusions.

Ie contrefais les galoches,
Et l'eau qui tombe souuent,
Ie peins bien le son des cloches,
Et le visage du vent.

Gardez bien qu'on ne vous saigne
Vous qui partirez demain,
Gardez que ie ne vous peigne,
Zest, ie vous baise la main.

Ie sçay bien la couleur donner,
A quelque beauté viue ou morte,
Auec le pinceau que ie porte,
Ie sçay fort bien enluminer

Le peintre aux Dames.

I'Efface la gloire d'Apelle,
Et plus que luy ie suis sçauant,
Sur la couche de quelque belle,
Ie sçay faire vn pourtrait viuant.

    Mon pinceau sur tous bien apris,
Escrit vne fort grosse lettre,
Ie vous demande pour le pris,
Vn petit estuy pour le mettre.

    Vous ne sçaurez pas desirer,
Vn qui sçache mieux la peinture,
Car sans au naturel tirer,
Ie tire bien à la nature.

Le peintre aux Dames.

ON ne sçauroit pas contrefaire
Vos yeux de flammes animez,
Qui dans mille cœurs enflammez,
Se peinent eux mesmes pourtraire.
  Ie me suis masqué le visage,
Pour voir vostre œil mon cher vainqueur,
Et tirer vostre bel image,
Pour l'auoir aux yeux comme au cœur.
    Qui veut peindre tous vos apas,
Porté d'vne audace nouuelle,
Veut plus que le Ciel ne peut pas,
Il n'en peut faire vne aussi belle.

FIN.

AFFIGES DES GRANDS
OPERATEVRS DE MIRLINDE,
nouuellement arriuez.

AVX DAMES.

LEs dignes operateurs promettent en la faueur de la conftellation courante, de mettre à chef toutes les receptes propofees cy apres, au tref-grand contentement de l'vniuers. Si quelqu'vn doute de leur propofition, il ne faut que fe prefenter à l'applicatoire fupernaturel, dont l'experience fera foy. Ce qui fe pratiquera cordialement en la prefence de tous les abfens. &c.

CY COMMENCENT LES RECEPTES MERVEILLEVSES
defdits Operateurs.

EAu de iouyffance pour foulager la fiebure amoureufe.

Eau de perles diffoutes auec diamans, diftilées au feu de rubis dans vn alambic d'or, pour fe faire aymer par force.

Effence de cocuage pour guerir de la ialoufie.

Eau de prudence meflée auec Efprit de Socrate, pour guarir de la vanité.

Huile de rafoir auec poudre d'éclat d'vn bourdon de pelerin appliquée finement fur les vertebres, pour ofter l'inflammation des langues médifantes.

Effence de martel pour exciter à vigilance,

D

Essence de desir extraicte au feu d'impatience, incorporée auec fleur de ieunesse, pour deuenir bon guerrier en amour.

Confection d'esperance & de crainte pour entretenir les amoureux.

Extraction du iust des Spheres de Copernique & Sacrobosque passées par le zodiaque auec la raclure du mouuement de trepidation, pour greffer les points veritiquaux, & faciliter les pompes de l'vniuers.

Confection tresexcellente des fractions de b. Algebre Theoresmes d'Euclide, meslez auec la quadrature du cercle & les machines d'Archimede, pour dessecher les cerueaux humides.

Lapis d'affliction pour cognoistre facilement le carac d'vn esprit.

Essence du nœud Gordien incorporée auec l'areste du Remore, pour arrester l'affection.

Poudre des cordes des lyres d'Amphion, Arion, & Orphee de la flute de Marcie & de Pan, du chant des Serene, l'armonie des Cieux, Otobales des Turcs, vielles des aueugles, trompes des laquais, & tabourins de Basques, le tout incorporé en haute game, pour faire ouir les sours.

Larmes distilees au feu du veritable amour pour adoucir la cruauté.

Sauon du vieux temps, & d'oubliance pour oter les taches de l'honneur des femmes.

Confection de la cabale des Iuifs, de la tradition des
Druides, des Hieroglifiques des Ægyptiens, de l'indifferēte
des Pyrroniens, dogmes des Academiques, iointes aux
promenades Peripateriques, pour disputer de toutes choses
en peu de temps.

Parfun fait de la raclure des fourreaux des meilleures
espees d'Asie, pour oster la mauuaise odeur des faux
bruits.

Essences de la negation des criminels, de l'asseurance
des coupeurs de bourses, & des caffades des niquerelles
de Tripoli, pour se des-empatraffer d'vne brouillerie.

Opiate de contentement desiré, auec asseurance de pos-
seffion, pour des-opiler la rate.

Poudre de l'arche de Noel meflée auec de l'eau de Stygire, pa
ffée par la toille d'araigne, pour appaifer la douleur des dēts.

Expreffion des figures de l'Aretin broyées entre deux
draps, pour expulfer la malancolie.

Poudre des Pandectes de droit Canon, & Ciuil, Decre-
tales, & inftitutes, paffees par l'esprit de Bartole, Accurce,
Balde & Cuias, pour oster les cataractes de l'ignorance des
yeux des Iurifprudens.

Eau tirée par imagination des rayons de la Lune,
recueillie dans vn Cimetiere, auec la roigneure des ongles
de Pluton, pour faire voir les esprits.

Graisse du Perou pour chasser la goutte des pieds & des
mains.

Recipe d'impossibilité bouillie en eau de temps perdu.

pour redresser les bossus.

Essence de dissimulation pour se faire aymer.

Pessaires composez de cure-dents de Prouence, d'oyseaux de Pologne, de la coignee du Dieu des jardins, auec la maistraisse plume du Rossignol d'Apulee, pour guerir les suffocations de matrice.

Jus des reglements Politiques de ce temps, pour guerir de l'Ambition.

Trocisques de l'arbre de Iuda, & de l'escorce de charuye, pour consoler ceux qui ont perdu leur argent.

Poudre de la nef d'Argos auec la raclure du petit doigt gauche du colosse de Rhodes, & de la corne d'Amaltee, sechee au feu d'Ilion, meslee auec de la sueur de Louise Majeur, pour faire reuenir les cheueux.

Conserue des Eclipses, Oroscopes, & Meteores, pour deuiner le temps passé.

Poudre du tronçon de la lance d'Astolphe meslee auec du sable de Pactole, pour faire tomber vne partie des femmes à l'enuers.

Poudre faicte du nid des Alcions, sechee à l'ombre de la Bastille, pour appaiser les tempestes des factieux.

Poudre de la pierre de Dauid, meslee au sang de Goliath calcinee au fourneau de Vulcan, preparee au bain de Bersabee, pour oster les rides du visage.

Huile de clemence & misericorde, pour guerir des crimes

deſtat.

Eſprit des capriolles de Saturne, des Antrechats de Vulcan, des pirouetes de Bacchus, pour faire bien dancer.

Huile de vertugadin pour courir l'hydropiſie des Pucelles.

Teriaque des mots nouueaux d'Engouleuent, propriété
de Maiſtre Guillaume, ſcience du Preſident d'Auuergne,
Antouſiaſme, de Guillaume du Bois, Eloquence de Mon-
ſieur Campas, grace de Pierre du Puis, pour faire vn parfait
courtiſan.

Pomade d'eſcorce de h ... taille, d' miel, de douceur
d'abſinte, de grauité, pour oindre ceux qui ont mauuaiſe
mine.

Eau de fleurs de Ciceron & Demoſthene, pour nettoyer
la langue.

Eau de ſcandale pour oſter les cors des pieds & les faire
voir à la teſte.

Vne pieçe du Ciel empiree, pour faire accoucher les femmes ſans douleur.

Poudre de la machoire de Cain d'eſtrampes en l'eau d'A-
cheron, infuſes dans le Vaſe de Pandore, pour faire dormir
aiſement.

Cendres tirées des vrnes de Sapho, Lais, Flore, Meſſa-
line, & Liuie pour guerir des palles couleurs.

Eſſence de prompte iouiſſance, extruicte du marq de la
ſacreté au bain du changement, pour guerir de l'amour.

D iij

Essence tirée de l'aymonie d'vn violon, preparee par vn
maistre d'Escrime, auec le suc d'vne volte, pour guerir la
paralysie.

Opiate d'accomplissement de desir, & de repos d'Esprit,
pour gouster le souuerain bien en ce monde.

Plumes de Fenix, pour se rendre facilement inuisible.

Huile de metemphsique, pour guerir de l'atteisine.

Pomade de parchemin vierge, faueur de grand, & semence d'auarice, pour s'enrichir en peu de temps.

Poudre de changement, pour fixer le Mercure des Dames.

Essence de la Rozee de Danaé, pour gaigner les soudames.

Vn morceau de la premiere matiere, de la rouille de la
faux du temps auec le suc des herbes de Medee, pour ra-
ieunir toutes sortes de vieilles gens.

Graine de Fougere meslee auec le sang d'vn Incube
passee en l'esprit d'vn sorcier, incorporee en aymant blanc,
pour auoir la faueur des grands.

Poudre faicte des Atomes d'Epicure, des Idees de
Platon, pilees au mortier d'Anaxarque pour guarir les
aueugles naiz.

Masticatoire des transcendans d'Aristote, auec de la
poudre de l'escuelle de Diogenes, meslez auec les figures de
Despautere, pour faire cracher les pedans.

Eau d'Hyppocrene, ou ypocras, pour exciter la fureur

poetique.

Eau de continence & temperence passees par l'alambic des vertus morables, pour cuirer le mal de Naples.

Essence tref-subtile tiree des points & lignes mathematiquales de l'ombre du silence Pitagorique, des songes de Poliphile, auec le gros orteil du fantosme de Brutus. passez dans l'Esprit d'un melācholique, pour faire engendrer les chastrez.

Le reste de l'eau d'Astolfe, pour remettre le sens.

Essence de proportiōs des lignes auec ceruze, & cinabre, pour embellir incontinent.

Eaux de baiser & atouchemens pour eschaufer vn vieux courage.

Essence de Liesge pour froter la plante des pieds, pour faire croistre les Dames en vn instant.

Remedes communs.

Herbe au Soleil, pour conseruer le teint.

Essence de vitriol, pour le mal des dens.

Satyrion confit pour les entorses de reins.

Poudre de menue pensee, pour la melancolie.

Tripe madame, pour se purger doucement.

Poiure concassé, pour la colique cornue.

Casse de leuant, pour l'amaris.

Ius de Caillette, pour les fossettes.

Eau de licorne, pour la ialouzie.

Peaux de Connin, pour amolir les nerfs.

Corne de lanterne, pour le mal des yeux.

Grains de Geneure, pour la melancolie.

Cire d'Espagne, pour les frenetiques.

Racine de patience, pour toute sorte de maladie.

Outre toutes les susdictes recepttes, les operateurs promettent mont & merueille, mesmes de faire parler les Singes, dancer les Ours, voir Taupes & plusieurs autres choses semblables : si vous en desirez voir les preuues, ils se tiennent entre Chien & Loup à la rue du Bout, contre le grand Maistre vis à vis de l'autre costé, toutes personnes y seront receues sans payer finance, moyennant leur bonne volonté. Ainsi soit-il.

L'EXCELLENCE DES OPERA-
TEVRS, POVR DEXTREMENT
arracher les dents

Il ne s'est veu depuis cens ans,
Vn si beau arracheur de dans.

Si d'entre vous quelque fillette
Souffre ce mal trop vehement
Qu'entre mes mains elle se mette
Ie la guariray promtement.

I'ay mille sortes de receuts,
Bien rares & de grand' valeur,
Appliquant mes drogues secrettes,
Soudain i apaise la douleur.

Que sans crainte elle ouure la bouche,
Et ne me donne empechement,
Si du doigt tant soit peu i y touche,
I'y mettray bien mon instrument,

Et s'il faut iusqu'à la chair vine,
Deschausser la dent peu à peu,
I'ay d'vne huille pour la genfiue,
Qui tout à l'heure oste le feu.

Qu'elle soit debout ou couchee,
Mettant mon engin bien à point,
Ie luy rend la dent arrachee,
Qu'elle ne le sentira point.

Si quel'qu'vne à mal qu'elle aproche,
Soudain elle verra dequoy,
Et qu'elle me face reproche,
S'ell'en'est contente de moy

E

Pour les Peintres.

BEauté puissant objet d'vne ame genereuse,
Si d'ouurages parfaits vous estes desireuse
Esprouuez de nostre art le pouuoir glorieux
Auec la loy du tems toute chose se change,
Richesse, honneur & force, & merite & louange,
Mais la vertu sans plus est compagne des dieux.

D'vn labeur animé plus que celuy d'Apelle,
Ie rens à vos beautez vne gloire immortelle
Si pour les esbaucher vous me donnez vn iour
Mon cœur sera la planche à l'œuure preparee,
Et pour rendre le tout de parfaite duree,
Ie feray mes pinceau du plumage d'Amour.

Ie veux en trois façons imiter vostre image
Pour la beauté du cors, mes yeux ont l'auantage
De pouuoir admirer ses belles actions:
Vostre voix, par l'oreille aux sins m'est raportee:
Par vostre esprit diuin mon ame est enchantee
Voila ces trois pourtraix de vos perfections.

Puis d'vne conuenance en toutes les parties,
En mes viues couleurs proprement departies
I'obserueray la grace auec l'egalité
Si bien qu'en vous voyant si parfaitement peinte,
Chacun sera touché de vostre image sainte
Comme du vray pourtrait de la mesme beauté.

Suitte pour les Peintres.

DAmes de qui la beauté,
Ont nostre esprit arresté.

De grace & par courtoisie,
Permettez nous d'aprocher
Afin de nous despecher
Selon nostre fantasie.

Nous ne sommes point de ceux
Engourd , & paresseux,
Qui sont dix ans à parfaire
A l'instant nous acheuons,
Et si nous en retrouuons,
Nous voila prest à refaire.

D'vn pinceau bien emmanché,
Quand nous aurons e bauche
Vous en serez si contente,
Que vous direz tout soudain,
Qu'on y remette la main,
Tant nostre œuure est excellente.

Qui ne suit pour tout subiet,
Que l'image d'vn obiet,
N'est pas hors d'aprentissage,
Ceux là sont moins ignorans,
Qui de subiets diferans,
Enrichissent leur ouurage.

Mais le plus parfait de tous,
Mes Dames, le sçauez vous,
C'est lors qu'en nostre peinture,
L'on rencontre en acheuant,
Comme il ar iue souuent
Que l'art passe la nature.

Pour les Coupeurs de bources.

Voicy les enfants sans soucy
Tout de mesme ailleurs comme icy,
C'est leur nature:
Vn trefor ne leur femble rien,
Car ils n'ont pour fouuerain bien,
Que l'auanture.

Quand plus ils font les empechez,
Parmy les foyres & marché
Le pouffier trote,
Auecques leur mine defainte
Il n'y a fi beau demyceint
Qu'on ne decrote.

Iamais ne font las ne perclus,
Aux doigts leur tien certaine glus,
Où tout s'atrape.
Et fans faire femblant de riens:
Il n'eft fille ou femme de bien,
Qui s'en efchape.

Quand il font le foir de retour,
C'eft qui dira le meilleur tour,
De leur foupleffe,
Si l'vn defcouure le poulet.
L'autre à relancé le valet,
Et la maiftreffe

La vie entre eux, eft vn plaifir,
Car ils procedent fans defir,
Tout les contante,

Sans estre subjets au Cartel,
Ne cour, ne Dame, ne Martel,
Ne les tourmante.

Depuis le soir, iusqu'au matin,
Si par hazard ils font butin,
De quelque source.
Aussi tost ils ont pensement,
A le despendre plaisamment,
C'est leur resource.

Plusieurs belles ont esprouué,
De maints ioyaux qu'ils ont trouué,
A leur vsage,
Les dons remis en leur mains,
Tant ils ont les esprits humains,
Et le courage.

F I N.

RECVEIL DES CARTELZ, ET DE
CE QVI C'EST PASSE AV IEV DE PRIX
à la iouxte du Sarrazin.

PEu de temps au parauant Caresme prenant,
courut vn certain Cartel en la forme qu'il sera,
cy apres descrit: Ou sous les noms de Florodorantz
le seigneur Concerine proposa de soustenir les prix,
telz qu'il plairoit de choisir à ceux qui voudroient
debatre contre luy : Et pour ce faire, assigna le iour
au Dimanche, xxv. Feburier, mais a cause de la
pluye qui sûruint, la partie fut remise au Mardy
d'apres iour de Caresme prenant. A c'est effect
l'on dressa dans la grande rue sainct Antoine les

Lices & barrieres propres à telz exercices. Et contre les maisons de chasque costé tant que duroit la Carriere aussi des Eschafaux pour la cōmodité des Dames, & de tous les assistans; Entre-autres sur la main droite vis à vis du Sarazin, celuy du Roy, & de la Royne, fut vn peu plus auāce que pas vn. Audessous estoient ceux qui auoient la charge de recepuoir l'argent des coureurs, & de rēdre le prix à mesure qu'ilz se gaignoient, Quand au reste des Ceremonies elles furent de point en point obseruées suiuant la proposition du mainteneur. Pour la magnificence les noms de Princes & Seigneurs qui furent des parties, doit suiure pour satisfaire à toute sorte de curiosité. maintenant il ne reste plus qu'à vous aduertir que tous ceux dont vous trouuerez les noms marquez d'vne petite Estoile gaignerent des pris surquoy ie commenceray, à vous desduire, (apres auoir mis simplemēt la premiere proposition du Seigneur Concceine) tous les assaillans qui firent mainte belle course à ceste iouxte, suiuant l'ordre qu'il coururent sans m'admuser en aucune façon n'y à leurs qualités n'y au ring que chascun sçait qu'ilz doiuent tenir quand ilz sont à visage descouuert.

FLORIODORANTS, PRINCE DE l'ISLE DE BVRGANDIA A TOVS LES briues Caualliers.

Dans tous les grands & Tres-puissans Royaumes Orientaux, il n'y a guerrier (pour si renommé qu'il soit) qu'il n'aye esté contrainct par la force de mes armes d'auoüer, qu'il ne se trouuera

en tout l'vniuers , Dame qui ne cedde en beauté a
celle , pour qui ie me glorifie de viure en seruitude,
& ie n'ay aussi pour autre intention laissé apres moy
tant de Montaignes , Mers,& Riuieres, ny passé (ie
le puis dire) de l'vn iusques à l'autre monde que
pour contraindre tous les peuples de l'Occident à
tenir la mesme creance. Afin qu'il ne restat sur la
terre vne seule partie qui n'admirast & reuerast par
dessus toutes les autres ses admirables beautez.
Mais ayant arresté mon cours en ceste superbe &
glorieuse Court , & apperceu des diuins feux &
rayons de la beauté (plus que mortels) en la Ro-
yale face de celle qui tient le sceptre en ceste vostre bien-heureuse contrée , Ie confesse n'auoir plus
l'asseurance d'entrer en lice , n'y porter espée ny
armes pour semblable querelle : Folle chi
contr'al ver la Spada stringe, A dit
quelqu'vn de voz poëtes de l'Europe, Mais brusle
d'vn ardent desir d'honneur , qui est vn puissant
aiguillon pour les ames genereuses, & curieux d'esprouuer si la valeur des Caualliers François respond
à leur grande renommée (moyennant l'auoir sceu)
en ce peu de seiour que i'ay faict incogneu parmy
ceste trouppe) Que plusieurs se plaignoient du desdain & rigueur de leurs Dames, Ie me suis aduisé
qu'il se presentoit vne iuste occasion de reparer vne
telle iniure, & les appeller au combat , considerant
qu'il n'y a point de gloire ny d'honneur plus sou-
haitable que celuy qui s'acquiert pour la deffence
des Dames, Rien n'est de plus louable en vne belle
Dame que le desdain,& vn gentil Amât ne doit point
imputer à blasme ce qui est digne de loüange ? Que
seroit Amour qu'vn feu bien lent & couuert de
cendre si le vent du desdain ne le descouuroit , ra-

muient les flammes & l'ardeu ? Amour à guise d'vn
paresseux coursier ralentiroit sa course au milieu
de la carriere s'il n'estoit pressé des aigus esperons
du desdain : Qui dira que la beauté ne prenne son
origine du Ciel ? Cela estant pourquoy ne doit-elle
comme luy tonner & foudroyer pour se faire craindre ? Mais parce qu'il est plus seant à vn Cauaillier
de soustenir sa cause auec les armes qu'auec la plume, ie changeray l'vne pour les autres, & laissant
à part les raisons, ie m'offre pour maintenir a la
ioustte du Sarrazin contre tous Cheualiers qui se
presenteront soubz les loix & conditions qui s'en-
suyuent.

QVE LE DESDAIN SIET BIEN
à vne belle Dame.

IE PRINCE FLORICDORANTS.

Les Cheualiers.   { Armodonts.
                    Oriodomants.   } Fur et presents.
                    Trimodoront.

C'ONDITIONS QVI DOIVENT
estre obseruées.

1. QVE chacun Cauaillier qui viendra pourcou-
rir, ne puisse entrer en l'estacade que premier
il n'ait eu permission de Môsieur le Marechal du
Camp, & declaré le nom soubs lequel il veut
courir, & à condition que chacun soit en habil-
lement de masque.

2. Qui arriuera le premier & sera premier enroollé
sera aussi le premier à courir selon l'ordre qui
sera noté.

3. Les

3. Les Caualliers qui seront admis à courir contre le tenant doiuent courir deux carrieres, & celuy sera tenu auoir gaigné le prix, qui fera plus de coups en cesdictes deux carrieres.

4. Qui donnera dans le petit escu d'argent qui sera au milieu du front, gaignera trois coups, pourueu qu'il donne de poincte en quelque lieu que ce soit dudit petit escu, Qui donnera de poincte en quelque lieu que ce soit de la teste depuis le haut iusques au menton gaignera vn coup. Qui donnera en la gorge ne perdra n'y gaignera, Qui donnera dans la poictrine perdra vn coup, Et qui donnera dans la targe perdra le prix.

5. Que nul des coups susdicts ne sera tenu valable bien qu'il fust apparent, si la lance donnant le coup contre le Sarrazin ne se romp euidemment & l'on n'en voye voler les esclats separez.

6. En cas de coups pareils, ils doiuent estre dispariez par vne autre course & autre lance chacun, & estans encores lesdits coups esgaux se doit continuer en la mesme forme iusques à ce que l'vn demeure superieur à l'autre.

7. Les Caualliers qui perdront lance, bride, estriers, ou leur couesseure de teste perdront la carriere.

8. Que le tenant, voulant, puisse prendre compagnon.

F

9. Si le cheual tombe par sinistre accident le Cauallier pourra recommencer sa course , & s'il
admiet par faute du Cauallier il demeurera vaincu.

10. Chacun pourra courir sans, ou auec le masque
ainsi que bon luy semblera.

11. Que des prix qui seront sur le lieu l'on n'en pourra en courant touer plus d'vn à la fois , & le Ca
uallier qui le courra sera tenu auant la cource de
demeurer d'accord auec le Maistre desdits prix.

12. Que pas vn aduenturier uisse ne doiue se
promener ny courir dans la carriere , sinon en
son rang.

En tous autres auenements & doubtes Messieurs les
Iuges doiuent auoir souueraine authorité, & leurs senten-
ces seront sans appel.

Ledict Prix sera le xxv. iour de Febuuer 1607.
depuis Midy iusques à Souleil couché , en la
Rué S. Anthoine pour soustenir
le dessus.

F I N.

LA PREMIERE TROVPE QVI

PARVT SVR LA CARRIERE CE FVT
Monsieur de SAVOYRNY qui sous le nom
d'Aymon côduisoyt Messieurs de PVI VINEL
BENIAMIN. -*) BELVEZE, BEAVRVY.

CARTEL

Pour les quatre filz d'Aymon presenté

AV ROY.

V Ciel (où les heros ont les places plus belles
Pour auoir combatu, contre les infidelles,
Grãd Roy, ces cheualliers sõt en Frãce venus
Ou par leurs beaux exploits ilz sõt assez cog-
noteux de veoir encor florir en vos gendarmes, (nous
Ainsi que de leur temps la pratcque des armes.
  Par moy qui fus leur pere, & par leur grand renom
  Vou sçaurez assez tost leur naissance & leur nom
Ilz ont par cy deuant arrousé la campaigne
Du sang des Sarrazins & de celuy d'Espaigne
Braues freres germains. Mais pour le faire court,
Ie croy quilz n'ont rien faict s'ilz n'ont veu vostre cour.
    Conduitz par le sçauoir de la sage Melisse,
  Ie les viens presenter moy mesme sur la lice
Aux yeux de tout le monde affin de faire voir,
Que leur agilité respond à leur pouuoir,
Ilz ont desja paru tant de son à la Guerre,
Ilz ont desja visé, tant d'ennemis par terre,
Qu'il ne leur reste plus, pour emporter le prix,
Que ce petit labeur par honneur entrepris.
SIRE, soyz leur Iuge & si quelqu'uns aduance,

F ij

Pour penser à l'ennuy mieux briser vne lance
Considerez les coup. Et prononcez souddain,
D'vne dame en amour doit chasser le dedain.

RENAVD, ALART, GVICHARD, RICHARD.

LE SECOND QVI VEINT SVR LA
CARRIERE FVT MONSIEVR DE BALAGNY SEVL.
ANDROCLEE
CHEVALIER DES ISLES FORTVNEES
A FLORIODORANTS.

SAches Caualier, que ie ne suis point abordé en
ceste contrée sans qu'vne diuinité ennemie de
ton audace m'aye conduict pour te la faire perdre.
Car aymant comme ie faisoy au delicieux sejour des
Isles fortuneés, vne des plus belles Dames du monde, son Desdain aussi grand que sa beauté m'en à
faict esloigner, & les lieux mesmes où ie l'auois
veuë, de peur qu'ils ne me raportassent au souuenir
l'image de son insupportable mespris. Et ie trouue
maintenant, que n'ayant peut estre jamais receu de
faueur des belles que tu peux auoir adorées, il te
semble qu'il leur sied bien d'estre desdaigneuses,
comme si le Desdain leur tenoit lieu de merite. Mais
je m'estonne comme tu veux loger ce monstre venu
de l'Enfer auec la beauté qui est vn don du Ciel, le
Paradis des yeux, & le portraict de la diuinité. Tu
monstres bien que tu ne merites pas vn bon traicte-
ment de ta Maistresse, puis qu'il ne luy sieroit pas
bien de te le donner, ny à toy de le demander à son
desauantage. Quoy qu'il en soit, ie ne me contente
de quelque legere course : ie te defie à te trouuer

Dimanche quatriesme iour de Mars à ceste mesme
heure en ce lieu , armé, auec vne lance à la main,
pour maintenir ta proposition, dont ie te veux faire
desdire, & aduouer que le Desdain , estant ennemy
d'Amour , & la beauté n'estant au monde que pour
estre aymée, c'est le principal deffaut qui manque à
former vne extreme perfection.

LE TROISIESME CE FVT
MONSIEVR DE GVITRI.

CARTEL POVR LE CHEVALIER
SOLITAIRE, AYANT SES ARMES
Blanches & noires, couuertes de
larmes argentées & φφ.

Cualie qui cambas pour le desdain des Dames,
Ie croy bien que pour toy, sont est arues leurs flames:
Mais pour moy ne sçauras que leurs yeux amoureux.
Respandent nuict & iour des fontaines de larmes,
Ou si tu ne le crois, de ton sang malheureux, .
Ainsi que de leurs pleurs ie couuriray mes armes.

Autre Cartel pour le mesme.

Tv me vois solitaire en ces fieres compaignes,
Mon audace & mon deuil sont mes seules compagnes,
Ie lamente vn subiet qui n'esgale en douleur.
Mais si quelqu'autre à moy compare sa vaillance.
Ma lance fera voir aux braues de la France,
Qu'en guerre & qu'en amour tout cede à ma valeur.

LA QVATRIESME TROVPE FVT

CELLE DE MESSIEVRS LE MARQVIS

DE COEVVRE, FRANCON.—*) (*au lieu de Monsieur le Compte de Cramain, qui s'estoit blessé*)

DE GONDY.—*) DE SAVIGNAC,

Les Cheualiers des Anchantez,

A FLORIODORANTS.

CHEVALLIER qui te vantes de victoires à nous autant incogneuës, comme il te seroit impossible de nous faire aduoüer le subject de tes batailles : sçaches que la mesme cause qui t'a fait departir de ton premier dessein, nous touche d'vn semblable respet, (les Dieux ne pouuans receuoir côparaison des choses mortelles) si bien que nous ne venons sur la carriere que pour disputer des prix. Quand à l'opinion que tu as de soustenu le desdain ie l'atribue à l'exces de ta discretion, ou à celuy de ton desespoir, qui te porte à vouloir faire vne loy generale de ton malheur particulier, Sans t'aperceuoir que conseillants le desdain aux belles, tu te priues volontairement des effects de leur pitié, pour n'estre iamais gratifié que des laides. Que les belles te desdaignent, & les autres te fauorisent, cela nous est indiferent, pourueu que le contraire nous ariue. Aussi nous n'aurons point de debat, n'estant pas raisonnable que le hazard de deux courses iuge les diferens qui se terminent par la force & par la valeur entre Cheualiers : car si nous voulions côbatre, ce seroit pour maintenir qu'vne Dame fauorable à vn seul, doit mespriser & dédaigner tout le reste du monde.

ARCALAVS L'ANCHANTEVR,
Aux Dames.

Moy qui fais d'Acheron fremir les tristes sorts,
Qui commande aux Demons au bruit de mes paroles:
D'obscurcir le Soleil, de ranimer les morts,
Troubler les elemens, & renuerser les Poles.

I'ay prins quatre guerriers (par mon art preseruez
De l'Empire du temps) aux champs Hyperborees,
Qui dans vn Char volant sont n'aguere arriuez
Pour voir tant de beautez des Mortels adorees.

Encor que de combatre ils brulent de desir,
Mesprisans les lauriers d'vne victoire sainte,
Maintenant on les voit en armes de plaisir,
Pour ne faire pâlir vos visages de crainte.

Et sçachant qu'à la Cour l'inconstance est vertu,
Que la Fidelité est sans vœux & sans temple,
Ils veulent releuer son autel abatu,
Et la faire adorer par force & par exemple.

Chacun s'est habillé de diuerse couleur,
Pour monstrer l'accident qui son ame tourmente,
Les nommant c'est assez pour sçauoir leur valeur,
DOM SILVES, QVADRAGANI, GRADASOF,
ET OLIVANTE.

DE CESTE CINQVIESME BANDE
FVRENT MESSIEVRS DE CHASTILLON,
DE VARENNES, DE COVTENANS, MONSEIGNEVR LE PRINCE DE CONDE.

Les quatre Chevaliers de Grece.

POLEMANDRE, LEOSTENE, ANDROMEGISTE, PHILOCLEE

A FLORIODORANTS.

IL faut que tu sçaches, Chevalier que nous auons
acquis autant, de gloire par nostre courage en
vne infinité de Batailles, comme de contentement
en Amour par nostre fidelité c'est pourquoy nous
trouuons aussi estrange que nouueau et que tu oses
soustenu, qu'il sied bien aux belles Dames d'estre
desdaigneuses. Nous tenons au contraire que le
desdain en vne belle est vne vanité qui diminue sa
perfection. Les Dames peuuent bien refuser le seruice d'vn Caualier, mesme auec de la bien-seance,
mais non pas le dedaigner, car le refus procede de la
chasteté & de la vertu, & le desdain de la presōption
& du vice. Apprien donc Floriodorants à cognoistre
ce qui est du merite des belles, où les obliges mieux
à recognoistre le tien, car il y à de l'apparence que
tu n'en es gueres satisfaict. Cependant nous tou-
cherons les prix que tu presentes pour la course,
auec vne certaine asseurance de nostre hardiesse qui
nous sera aussi fauorable, comme les belles te peuuent auoir esté desdaigneuses. En cela nous aurions
pitié de ton infortune Si ton audace à publier que
le desdain sied bien aux belles, ne meritoit nostre
correction qui te sera aussi glorieuse venant de nostre main, comme nostre valeur est par dela toute
sorte d'imitation.

LE SIXIESME CE FVT
MONSIEVR LE CONTE DE
Sommeriue seul.

Le Cheualier Polemanthe.
AV ROY.

GRand Roy dont les effaicts miracles des mortels
Nous seruent de miroirs & vous seruent de temple:
Mais vn chacun se trompe à suiure tel exemple,
Qui nous permet l'offrande & retient les autels.
Au bruit d'vn estranger trop superbe de cœur,
Ie vien pour alentir son ardeur eschaufee.
Encor me desplaist il qu'il aura ce trofee
De confesser vaincu de m'auoir pour vainqueur.
Mon courage autre fois esprouuant le hazart,
Contraignoit les vaillans à me rendre vn hommage:
Mais ce rencontre cy m'est bien peu d'auantage,
D'obtenir vn triomphe indigne de Cesar.
Si ie n'aymois la France & de cœur & de foy,
Qui fait à son honneur ces esbats entre-prendre,
En mesprisant ces ieux comme feit Allexandre,
Ie ne m'attaqueroi qu'aux vaillans comme moy.
Grand Prince deuant vous ie reçois ces desfits,
Pour vous faire present du succes de mes gloires:
Car i'aprens seulement à gigner des victoires,
Pour adiouster vn sceptre aux sceptres de vos filz.
Quand les plus redoutez qui iamais ont vescu,
Reuiendroient plus vaillants pour estre de sa garde,
Ie feray, si vostre œil seulement me regarde,
Du plus digne vainqueur mon plus humble vaincu.

G

Le Cheualier Polémanthe,
AVX DAMES.

BELLES iugez la differance,
Du loyer que nous attendons,
Et donnez nous la recompence,
Telle que nous la demandons.
Tournez vers nous vos belles faces,
Chacun de nous verra son prix,
Ie rendray vos bonnes graces,
Et luy rendra vos mespris.
Au partage chacun espere,
Sans le diuiser par moytye
Il combat pour vostre colere,
Ie combats pour vostre amityé.
C'est bien la raison ce me semble,
D'auoir ce que plus on debat,
Nous pouuons sans combatre ensemble
Auoir le prix de ce combat.
Mais sans en faire le partage,
Ie veux monstrer en c'est estour,
Que i'auray le mesme auantage,
Au camp de Mars qu'au camp d'amour.

EN CESTE SEPTIESME TROVPE ESTOIENT MES SEIGNEVRS LE DVC DE NEMOVRS.~ *) LE CHE_ VALIER DE GVIZE, LE DVC DE GVILLON, GRIZI, ROSNY, ZAMET,

L'VN DES ENNEMIS DV DEDAIN A FLORIODORANTS.

SI par la moindre partie de mon merité i'ay toufiours empesché le dedain de prendre naiffance dans les cœurs des Dames les plus fieres, par la force de mon bras, ie te contraindray à d efauoüer honteufement (fi la gloire d'eftre vaincu par moy ne t'exempte de honte) qu'il ne peut feruir à l'amour que d'efteindre l'ardeur de fon feu, par l'excés de fa glace. Et m'affeurant de te faire à l'inftant cognoistre & confeffer cefte verité par les effets ordinaires, & plus negligez de mon addreffe, puis que tu n'as ofé appeller ceux de mon courage, ie n'employeray le fer de ma lance que iufques la, ne voulant par la ruine entiere du Dedain ofter à celle que i'adore, le moyen de recompenfer iuftement le foing & les paffions que ces yeux en me cherchant, font naiftre dans les volontez de tout le monde, ny te priuer des faueurs les plus fignalées que tu reçois de ta maistreffe, & de celles que tu dois efperer de toute autre.

Les Ennemis du Dedain.

A FLORIODORANTS.

CHeualier de Dedain, qui faisant trop de gloire
De te voir dédaigné, nous pense faire acroire
Qu'à l'Amour le Dedain n'est pas vne poison,
Sçache que nous venons t'aprendre à ton dommage
Qu'endurer le Dedain c'est manquer de courage
Et que le soutenir c'est manquer de raison.

Car par quelle raison se pourroit-il bien faire
Qu'amour changeant d'humeur viue par son contraire,
Et qu'auec des glaçons il se puisse nourrir,
Puis qu'enuers vn Amant le Dedain d'vne Dame
N'est pas tant vn essay pour cognoistre sa flame
Qu'vn outrage insolant pour la faire mourir.

Et comme la Beauté dont nostre ame est esprise
Et que par la douceur nous priue de franchise
S'acquiert par le Dedain le nom de cruauté,
Tout de mesme l'Amour qui souffre sans vengeance
Que l'indiscret Dedain d'vne ingrate l'offance
Ne peut plus estre Amour mais vne lascheté.

Que si quelque Orgueilleuse auec de l'artifice
Sans respect de l'amour dedaigne ton seruice
Empeschant que ton cœur ne puisse estre contant,
Quittes-en le dessein non pas comme impossible,
Mais de peur de monstrer d'auoir l'ame insensible,
En pensant acquerir l'honneur d'estre constant.

Ou confens pour le moins qu'à faute de merite
La gloire d'estre aymé te doit estre interdite
Et qu'auec le Dedain l'amour te fait punir,
Car nous venons exprès tes forces recognoistre
Et te faire reduouer que tu te fais paroistre
Bien digne de Dedain de l'ozer soustenir.

QVAND A CESTE DERNIERE
bande c'estoit Messeigneurs de GVISE, DE
ROAN, -*) Messieurs DE CRIQVI, -*)
DE TRESME, DE TERMES, -*) LE
CHEVALIER DE SAINCT LVC, DE
BASSOMPIERRE, LE GENERAL DES GA-
IERES, LA CHASTAIGNERAYE, LE
CONTE DE SAVX.

Au Prince de Burgandie.

QVAND vostre cause seroit la meilleure du
monde, c'estoit tout ce que la temerité vous
pouuoit persuader, que de la disputer auecque nous.
Ie vous laisse à penser, estant mauuaise comme elle
est, ce qui vous en arriuera. Nous sommes icy pour
vous faire desauouër tout ce que vous auez dit; &
vous maintenir qu'vne Dame iudicieuse ne dedai-
gnera iamais celuy à qui elle aura permis de la ser-
uir, pourueu qu'il le face auecque la foy, le respect,
& l'affection qu'il est obligé. La raison qui est pour
nous, & nostre valeur à qui la fortune s'est tousiours
assujettie, nous font esperer qu'au lieu de la nouuelle gloire que vous estes venu chercher en ces
cartiers, vous y trouuerez la fin de celle que vous
dites auoir acquise ailleurs, & par l'issue du combat

meriterez auſſi iuſtement le mespris de voſtre mai-
ſtreſſe, comme nous la bonne grace des noſtres.

Azarques.	*Vanega,*
Aſamamou.	*Muſa.*
Gazul.	*Zarde.*
Malique Alabez.	*Belizarde.*
Almoradis.	*Florinarde.*

Cheualiers Mores.

FIN.

VN NAIN SVR LA FIN DE LA COVRCE,
aporta vn Cartel dont la reſponce y fut faicte
ſur le champ, parce que l vn & l'autre furent
trouues paſſables, ie les ay icy adiouutez
pour ayder à ceux qui les euſſent
peu deſirer de les trouuer
promtement,

***

CARTEL.

Ie ſuis vn cheualier qui cherche de la gloire,
Ie veux vous maintenir, Certain de la victoire
Qu'acuſer ſa maiſtraiſſe eſt luy manquer de Foy,
Qu'vn amant qui ſe plaint de ſa Dame, l'offence
Que le ſeul regard meſme eſt vne recompence
Et que plus deſir c'eſt n'aimer rien que ſoy.

Demain ſi le courage à ce combat vous porte,
Bien qu'on vous tient auoir vne ame belle & forte
Ie vous feray ſentir que ce bruit eſt trompeur,
Et veux meſme en ce lieu par le fer de ma lance,
Vous grauer dans le cœur mon nom, & ma vaillance,
Si pour me preuenir vous ne mourez de peur,

REPONSE.

Homme incogneu sans nom, et sans demeure,
Ne pence point que pour si peu ie meure,
Tes douze vers ne me rongeront pas,
Au parauant que ie sois autres pas.

Mais si l'enuie & l'ardeur de ta rage,
Veut à ma gloire esprouuer son dommage
Dedans le Champ ie t'attens desireux
Pour te montrer que c'est d'estre amoureux,

Et que de foy de constance & d'adresse,
Autant que toy i'ay pour v...e maistresse
Tout maintenant sans y remettre à demain
Il ne faut rien que me tendre la main,

Soit à la pique à lespee à la lance
Ie te feray confesser ma vaillance
Et vois en tout que tu n'es q' vn menteur,
Quand que ton fer tu menasses mō cœur,

FIN.

www.ingramcontent.com/pod-product-compliance
Lightning Source LLC
LaVergne TN
LVHW022153080426
835511LV00008B/1376